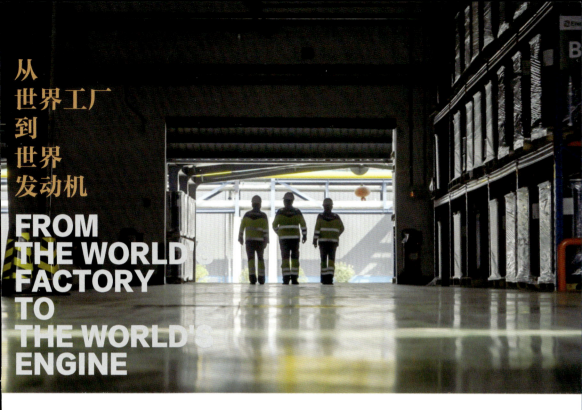

从
世界工厂
到
世界
发动机

FROM
THE WORLD
FACTORY
TO
THE WORLD'S
ENGINE

COMPUTING POWER AWAKENS

算力觉醒

关于中国算力觉醒的四个故事

联想集团　腾讯新闻◎著

石油工业出版社

图书在版编目（CIP）数据

从世界工厂到世界发动机：算力觉醒 / 联想集团，
腾讯新闻著 . -- 北京：石油工业出版社，2021.11
　　ISBN 978-7-5183-4923-4

　　Ⅰ . ①从… Ⅱ . ①联… ②腾… Ⅲ . ①信息经济—经
济发展—研究—中国 Ⅳ . ① F492

中国版本图书馆 CIP 数据核字 (2021) 第 218928 号

算力觉醒

联想集团　腾讯新闻　著

总 策 划：李俊军　邹　阳
策划编辑：王　昕　谭　慧
责任编辑：姜　燕　谭　慧
特约编辑：刘　全
装帧设计：赵俊杰　陈永超
出版发行：石油工业出版社
　　　　　（北京安定门外安华里 2 区 1 号100011）
　　　　　网址：www.petropub.com
　　　　　编辑部：（010）64523616　64252031
　　　　　图书营销中心：（010）64523731　64523633
经　　销：全国新华书店
印　　刷：北京中石油彩色印刷有限责任公司
2021年11月第 1 版　2021年11月第 1 次印刷
710毫米 × 1000毫米　开本：1/16　印张：5.75
字　　数：25千字
定　　价：68.00元
本书数据由联想集团提供

世界在大变局之中，联想正在加力奋进

　　当前世界正处在百年未有之大变局之中。这场大变局的特征之一是新的科学进展直接驱动技术革命，技术革命直接驱动产业革命，由此引发第四次产业革命如火如荼、日益深化。当人类发现新的产业革命到来之时，其实诸多国家及其产业已置身其中。

　　第四次产业革命的核心特征是数据化、智能化和智慧化。随着诸多新技术的兴起，一是数据成为核心生产要素之一，以数字技术为驱动力的生产方式、商业模式、组织结构等层出不穷、蓬勃发展，人类社会长足快速步入数字经济时代。二是生产方式和管理手段越来越智能化。德国工业4.0将智能化生产和智能化管理视为工业化国家在第四次产业革命中必须完成的任务。与此相应，新型工业化国家也在奋起直追，力求籍此长足提升本国的生产力。三是伴随数据化、智能化和全球市场竞争加剧，智慧化运行、智慧化管理等已成为业界、学界、政府机构等共同的诉求。电子商务、电子政务、智慧社区、智慧城市成为产业活动、政府施政、社会运行的标配。

无论是数据化、智能化，还是智慧化，算法创新和"算力"成为亟待提升的经济社会能力。发达国家和新兴国家都在研制新型大型计算机和建设、发展云平台等方面做出了诸多努力。

　　这场大变局一改第一、二次产业革命我国不在其中，第三次产业革命我国只赶上个尾巴的窘境。我们既是百年未有之大变局的积极驱动者之一，又是大变局的参与者，同时还成为大变局的受益者。我国的新经济、新产业、新业态蓬勃兴起、昂首前行，我们的产业结构一改以往调整转型难的格局，日益走向高级化。

　　我国不少企业清晰地认识到：第二次产业革命和第三次产业革命时期，钢铁、石油、电力是至关重要的。而在当下正在深化的第四次产业革命中，数据正取代此前钢铁、石油和电力的地位，正成为统领钢铁、石油、电力的生产要素。

　　数据的量级正在指数性增长，但若无算法的大尺度创新和算力的长足提升，巨量的数据仍然犹如堆积如山的水泥。业界呼唤着"算力觉醒"！这是运用数字化力量重塑行业、创新技术、强力激活中国数字经济新动能的最为有效的发力点。

　　在唤醒算力、推动算力革命进程中，作为算力的制造者，联想自身也正在深化由"传统 PC 供应商"向"全球领先的算力厂商和云基础设施全栈型提供商"的转变。联想既有小到手机、电脑，大到数据中心的多元产品组合，又有遍布全球、集中高效的客户支持平台，正在为诸多行业的数字化、智能化、智慧化构筑"算力底座"。

　　2021 年年初，联想联合腾讯新闻，推出了《从世界工厂到世界发动机》

的系列纪录片，深度记录了当下中国实体经济向数字化、智能化、智慧化转型的过程。纪录片第二季《算力觉醒》，聚焦电力、化工、电商、IT制造业中四家龙头企业——大唐集团、中国中化、京东、联想，展示了他们如何积极布局数字化基础设施架构，依靠算力支持实现数字化、智能化、智慧化转型的。

值得期待的是，这部影片及结集成册、正式出版的文字，将会给政、产、学、研各界人士以强力的视角冲击和认识激发，使观看者和阅读者清晰地了解"算力""算力觉醒""算力革命"等对于业界数字化、智能化、智慧化的重要作用；进而，也有助于业界借鉴他们的经验，更为精准、有效、快速地启动并推进本行业、本企业打造数字经济新优势。值得相信的是，随着"算力革命"在中国的发生和推进，中国诸多行业在全球经济中将会有值得我们期待的更为理想的位置。

雷家骕

清华大学经管学院教授、博士生导师

中国技术经济学会技术创新创业分会理事长

算力觉醒的背后是中国企业的觉醒

《算力觉醒》让人眼前一亮。它不是学者坐在家里通过搜索引擎冥思苦想，闭门造"书"，而是深入联想、京东等重量级企业一线，去问，去听，去看，去学习，去用心感受，从而凝结成这沉甸甸，不枯燥，且充满启示意义的《算力觉醒》。

我自己是记者，常年跟踪报道联想和京东等企业。这两年，在工作中有一个明显的感受，那就是中国企业对数字化转型的坚定姿态。在大多数采访现场，我都会问及有关数字化转型的问题，例如痛点有哪些，节奏怎么把握，如何避免踩到坑里等。即便是面对同样的提问，不同企业的高管总会有自己的独特体会和经验。

数字化转型的大时代与三大核心要素关联：数据、算法和算力。《算力觉醒》聚焦于算力，给出有说服力的企业案例，会成为诸多中国企业在数字化转型过程中的"罗盘"。直白一点：当自己不知道怎么做时，就看那些重量级企业是怎么"玩"的。

算力觉醒的背后是中国企业的觉醒。越来越多的中国企业不再满足于现有营收业绩的增长，而是借助数字化或智能化去洞察和把握未来的机会。基业长青，源于觉醒，更依赖于顺应大势、技术进步和勇于创新的姿态。

方李敏

《彭博商业周刊（中文版）》副总监

观看完整影片

内容顾问、探访人

施展

　　1977 年生人，北京大学史学博士，外交学院教授、世界政治研究中心主任；著有《枢纽:3000 年的中国》《溢出:中国制造未来史》等。

"今天的中国毫无疑问是个大国

随着数字时代的到来

直觉告诉我

数字经济一定会给中国的制造业和经济

带来一系列非常深刻的革命性影响

这是我们理解未来中国和世界关系

一个非常重要的切入点"

从提质增效到绿水青山

算力如何奠定能源新格局？

▲ 大唐集团旗下的湘潭火电站

　　大唐集团是中国五大发电集团之一，自 2010 年起，连续 11 年入选《财富》杂志世界 500 强榜单，旗下拥有世界最大火力发电厂、世界最大风电场，发电装机规模达到 15860 万千瓦，肩负着中国电力稳定的重任。

当下，传统发电行业面临的节能减排压力很大，发电成本也在逐渐上升，重重压力之下，大唐集团主动寻求破局，开启数字化转型之路。

大唐先一是由大唐华银电力股份有限公司全额投资、大唐集团旗下的一家以高科技服务为主的软件科技企业，承接了大唐集团信息化和数字化转型的重任，不仅用数字化技术改善了传统能源企业，也在新能源领域自主研发了一套远程集中控制系统，把大唐集团分布在湖南偏远地区的光伏、风电和水电，都接入长沙的集控中心。

▲ 大唐集团位于长沙的新能源发电远程集中控制系统

大唐先一科技有限公司总经理、党委副书记

刘文哲

"就这么几个人

控制着大唐在整个湖南省所有的风、光、水发电

最重要的是可以把人从山沟沟里面解放出来"

▲ 联想 ThinkSystem 服务器

▲ 湘潭火电站汽轮发电机组

　　基于联想提供的高性能、高可靠服务器组成的强大后台，大唐集团对分布在湖南全省的海量发电设备实现了"少人值守、无人值班、区域管理"的新运行管理模式，从而降低场站的运行成本，提高企业的经济效益。

▲ 湘潭火电站煤场

▲ 湘潭火电站汽轮机房

对于传统火电厂来说，停机一次的成本是巨大的。升级后的"智慧电厂"，通过大数据进行业务模型的分析，就能提前预判设备大概在多长时间后，可能会出现故障造成停机。

大唐先一智慧能源事业部产品经理

胡蓉

"我们最近几年在做'智慧电厂'升级

比如在入厂煤验收这一块

以前是人工作业比较多

现在我们通过数字化的手段

做了一个自动采样装置

大大减少了人为因素影响煤质的情况"

▲ 大唐集团水面漂浮式光伏电站 ▼

▲ 无人机检修水面漂浮式光伏电站

　　2019年，大唐集团首个水面漂浮式光伏电站并网发电。28万块光伏板延绵在8千米长的水面上，其发电和运行数据全部汇聚于长沙的集控中心。

大唐先一智慧能源事业部副部长

周宏贵

"以往这种规模电站的人工检修需要 15 到 20 天

而通过大数据和无人机技术

在联想服务器提供的算力支持下

该光伏电站的全部检修仅需 5 个小时"

能满足新能源需要的地方要么风力足够强，要么日照足够强，往往也是人烟稀少的地方。要让人在这种地方长时间居住、工作难度很大，所以新能源发电要想大规模展开，数字技术是一个很重要的前提。

大唐的"算力觉醒"，除了让传统火电厂变身成为"智慧电厂"，也带动了整个传统能源行业效率的提高和创新，还给新能源的未来发展蹚出了一条切实可行之路。这对于保证电力这一国家命脉行业高效、稳定发展，为中国产业数字化奠定能源基础，助推中国从"世界工厂"升级为"世界发动机"，都具有非凡意义。

▲ 新能源风力发电站

刘文哲

"整个发电能源行业的信息化

相比过去，都发生了翻天覆地的变化

能源互联网必须要依靠数字来驱动

必须要依靠信息化技术来做支撑"

施展

"能源正在从一个资源属性的行业
变为一个制造业属性的行业
而一旦有了制造业属性
中国的优势就显现出来了
因为中国是世界头号制造大国"

中国中化

从雕虫小技到领先世界

算力如何使巨型工厂焕发新生？

▲ 中国中化集团旗下的江西蓝星星火有机硅有限公司

中国中化由中国中化集团有限公司与中国化工集团有限公司联合重组而成，为国务院国有资产监督管理委员会监管的国有重要骨干企业，员工达 22 万，是全球规模最大的综合性化工企业。

　　化工行业是国家的支柱产业之一，支撑国家千行百业发展。想要完成产业升级、提升这一关系国计民生的基础性产业在世界舞台上的竞争力，数字化转型是必经之路。

中国化工信息中心有限公司党委副书记

李中

"我们的化学工业

到今天为止

还是处在追赶世界领先水平的状态

虽然我们的规模已经相当大了

出口的量也很大

但是我们不赚钱"

▲ 化工行业化纤产品生产线

▲ 江西蓝星星火有机硅有限公司有机硅生产线

　　我国化工行业正处于向绿色、安全、可持续发展转型的过程中，非常需要用数字化技术对生产流程、工艺、参数指标等"重做一遍"。而且在化工行业，所谓"know how（技术秘诀）"没有统一的标准，化工生产的经验很难固化，老师傅会根据自己的感觉来判断，如何将"know how"固化成标准，也需要数字化的改造，才能做到精益化生产。

▲ "蚯蚓盒子" 监控面板

　　化工行业是为数不多的生产中需要改变原材料分子结构的行业，一个生产装置可能就有几万个控制点，生成海量数据。为此，中国中化蓝星智云首席科学家冯恩波博士团队研发了一款集检测、控制与运行优化的"模式"可视化表达的重磅产品——"蚯蚓盒子"，用来分析、处理生产装置生成的数据。经过大量数据积累之后，用计算机代替人工去寻找规律，也就是机器学习。

现在工人们只需要坐在屏幕前，就可以监控生产过程中的能耗信息、稳定性问题，以及生产中最重要的安全信息。

中国中化蓝星智云首席科学家

冯恩波

"我们国家做这个事情是非常有必要的

我们体量这么大

再往前使使劲儿

一定能达到世界最先进水平

我心里是有些着急的

我在国外接触了一些技术

我想我应该回来给这个国家做点事情

我也到了能为这个国家做点事情的年龄了

再不做，就晚了"

▲ 联想服务器

　　要让海量数据产生价值，就需要大量的计算，这对存储和算力的要求都是极高的。联想服务器和存储为此提供了全面支持，并提供了 IT 运维服务。

▲ 江西蓝星星火有机硅有限公司厂区

　　中国中化集团旗下的江西蓝星星火有机硅有限公司是一家有着五十多年历史的老企业，近年来通过结构调整、研发创新和管理提升，已经成为全球前三的有机硅行业领导者，数字化在这一过程中发挥了重要作用。

▲ 江西蓝星星火有机硅有限公司厂区内的 5G 无人叉车

中国中化自己打造的 B2B 平台，以成交规模计算，已经是全球化学工业界最大的网络销售平台之一，并且还将电商体系延伸部署至海外企业，成为世界化工行业电商平台真正的引领者。

▲ 江西蓝星星火有机硅有限公司厂区

▲ 有机硅生产现场

埃肯有机硅亚太销售总监

杨葵

"原来一张订单需要 1 至 2 天才能到达交付状态
现在只需要两三秒就能进入备货状态
极大提升了销售效率和客户满意度"

规模巨大，也意味着潜力巨大，一旦下定决心开始数字化转型，随之而来的降本增效和对社会经济的积极影响同样巨大。传统化工行业的"算力觉醒"，让以中国中化为代表的大型化工企业找到了摆脱"规模效应"桎梏的方法，开始走向以科技创新驱动的高质量发展之路，也让这个关系到国计民生的基础性行业开始焕发新生。

▲ 江西蓝星星火有机硅有限公司厂区内景

李中

"机械是工业的骨骼

电力是工业的能源

自动化是工业的神经

那么，信息化就是大脑和灵魂

这是支撑工业发展的一个重要条件

而不是代替工业"

施展

"没有什么夕阳产业

只有夕阳的做法

所有的行业都值得被以数字

经济的方式重做一遍"

京东集团

从零售平台到重塑产业

算力如何重塑供应链？

▲ 京东总部内景

　　在广大消费者的印象中，京东是一家超级电商平台，但京东对自身的定位是"以供应链为基础的技术与服务企业"。与平台企业不同，京东是一家同时具备实体企业基因和属性、拥有数字技术和能力的新型实体企业。

在 2021 年《财富》杂志公布的世界 500 强榜单中，京东集团的排名由 2020 年的 102 位提升至 59 位，首次进入前 60 强。

据京东集团发布的 2021 年二季度财报数据显示，京东集团旗下的京东物流目前运营约 1200 个仓库，其中有 38 座大型智能仓库"亚洲一号"，并将库存周转天数降至 31 天，这是一个世界级水平的数字。全球零售业以运营效率著称的 Costco，库存周转天数也在 30 天左右，但 Costco 仅管理几千个 SKU（Stock Keeping Unit，库存量单位)，而京东集团在库的 SKU 数量已经超过 900 万。

▲ 位于北京大兴区的京东物流"亚洲一号"

▲京东物流"亚洲一号"大型智能仓库一角

　　包含京东物流管理的云仓面积在内，京东集团的
仓储总面积超过 2300 万平方米。京东体系上市公司
及非上市公司的员工数近 40 万。

京东集团副总裁、京东云事业群总裁

高礼强

"中国是制造业大国

同时也是一个消费大国

京东一端连着 900 多万种商品

背后是几十万的品牌商和制造企业

另外一端连着超过 5 亿的消费人群

京东要做的事情

就是按照消费者的指令

在一天或者更短的时间里

把他们所需要的这 900 多万种商品传递到他们手上

为了能把这件事情做成

我们其实是管理了一个最大的社会供应链"

"以京东今天的体量

我们已经不仅仅是一个企业了

我们是参与了整个社会的价值和供应链重塑过程"

▲ "亚洲一号"大型智能仓库内部订单自动分拣流水线

　　拥有如此大体量的同时，还有如此高的仓储运营和配送效率，主要得力于京东集团潜心多年耗费巨资打造的数智化社会供应链，即用数智化技术连接和优化社会生产、流通、服务的各个环节，降低社会成本、提高社会效率。过去几年，京东研发投入增速远超收入增速，已经是对技术投入最多的中国企业之一。

▲京东 "6·18" 电商节大数据实时看板

　　如今京东集团的核心业务全面上云，京东科技集团旗下的京东云拥有全球最大规模的 Docker 集群、Kubernetes 集群，是国内规模最大的 GPU 计算集群之一，已经成为整个京东集团运营发展的基石。

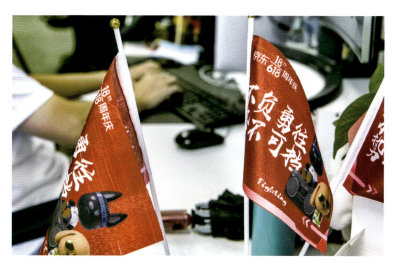

▲京东 "6·18" 电商节已经 "18 周岁"

　　每年 "6·18"，是整个京东云团队的一次 "大考"。一个上千人的技术团队，会提前两三个月开始备战，为这亿万级流量洪峰保驾护航。

京东云测试开发工程师

吴长鹏

"我们面对的是世界上数一数二的海量流量冲击

能达到一秒钟就让数百个鸟巢体育场坐满人的级别

要让这么多人在同一时间可以有条不紊地参加各项活动

不能出现阻塞和混乱

对数据中心服务器的性能和稳定性要求极高"

▼ 京东数据中心

　　联想为京东提供的服务器已经经历过多次流量洪峰"大考"，从性能到稳定性都非常可靠，大到数据中心，小到一个机柜、一台服务器，出现故障的时候都有应对措施，保证整个系统没有任何的停顿。

▲ 京东数据中心里的联想服务器

高礼强

"京东云和联想一直保持着紧密的合作

联想是全球少有的'端—边—云—网—智'全要素覆盖的厂商

超算实力在行业中处于领先地位

服务器等硬件设备的可靠性给我们留下了深刻印象"

▲ 京东物流"亚洲一号"AGV 分拣机器人系统

在高性能、高可靠性服务器打造的强大后台支持下，京东自 2019 年起开始逐步实现物流上云，在每年"6·18"流量洪峰来临时，可以通过系统算法、供应链计划与多层级的库存前置，在消费者支付定金瞬间就开始仓储生产、打包,然后把货物提前运输。2021 年 6 月 1 日,京东"6·18"购物节的零点第一单，仅用时 4 分钟便由一辆智能快递车送到了消费者手中。

▲ 2021 年京东 "6·18" 首单消费者收货现场

京东有一个著名的 "甘蔗理论"，即贯穿整个产业链共有十节，分为创意、设计、研发、制造、定价、营销、交易、仓储、配送和售后，前五节归品牌商，后五节归零售商。

在数智化社会供应链战略指导下，京东发现，把本来归于零售商的后五节做到极致，也可以反向塑造前五节。最鲜明的例证，就是京东一直在推进的 C2M 反向定制，通过需求侧大数据与人工智能技术，反推产品设计、产能投放、产品流通等各个环节，帮助品牌商深度挖掘细分市场，打造新品爆款，真正做到了比品牌商更懂品牌。

　　让用户决定生产，不仅带来了社会效率的提升以及物流成本的下降，而且可以帮助品牌商不再生产无效商品，而是生产有明确需求的商品。据不完全统计，2021 年的"6·18"，京东的 C2M 反向定制至少助力 1000 个新品类销量同比增长超 100%、100 个新品类销售过亿。

　　全渠道零售行业具有数字化的先天优势，它的"算力觉醒"让以京东为代表的智能零售巨头，转型跃迁成为以数智化社会供应链为基础，并具有反哺、重塑整个中国社会供应链能力的技术与服务企业，不再只是实体经济与消费者之间的桥梁，而是根植于实体经济、成长于实体经济、服务于实体经济，也为数字产业化和产业数字化的相辅相成提供了范本。

▲ 京东总部内景

高礼强

"中国数字经济的规模

从十年前的两点几万亿

到今天的将近四十多万亿

这种增长是不可逆的

也是不可阻挡的"

施展

"在今天这个时代

云服务并不只是简单地上传一点照片

它是整个社会传统产业跟数字产业

能够形成连接的至关重要的一个桥梁"

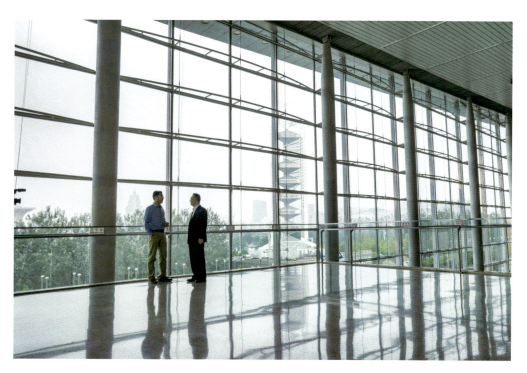

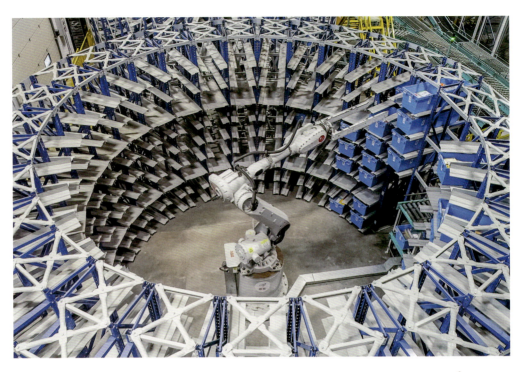

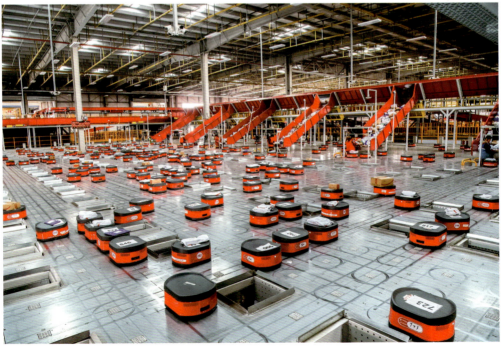

联想集团

从内生创新到外化赋能

算力如何使制造业从内生走向外化？

▲ 联想服务器

  作为一家拥有 37 年悠久历史的老牌企业，联想品牌深入人心。联想集团是全球第一 PC 厂商已被人熟知，但不为广大消费者熟知的是，联想也是全球第一算力制造商。

在 2021 年公布的全球超级计算机 TOP500 榜单上，联想集团制造的高性能计算机有 184 台入围，独占 36.8% 份额，位居全球高性能计算机提供商份额第一名。联想服务器的出货量也是全球前三，联想集团制造的高性能、高可靠服务器正在全球各个角落为数字经济提供着强大算力支持。

任何行业的数字化转型都离不开算力的支撑，算力和数据是每个企业未来的核心能力之一。多年深耕制造业，又是算力的"头号玩家"，联想集团的数字化转型自然是"近水楼台先得月"。早在 2011 年，联想集团就开启了以数据智能为核心的数字化、智能化转型之路，并在其分布于全球的各个工厂中加以实践，积累了丰富、宝贵的经验。

▲ 联想数据中心机柜

目前，联想集团在全球的研、产、供、销、服已实现上云。联想的 IT 系统采用混合云部署，共有 15 个公有云专区和 20 个私有云数据中心及边缘数据中心，支持着包括 LeMES（联想制造执行系统软件）在内的超过 1500 套应用系统高效、稳定运行。

▲ 联想惠阳工厂生产线 ▼

跟其他企业不同的是，联想集团既是制造业佼佼者，也是"新 IT"（智能化转型，Intelligent Transformation）领军企业，所以联想集团使用的大部分系统和解决方案都是自己研发的。

LeMES 就是联想集团自主研发的、行业最先进的制造执行系统，适用于所有的电子制造业和离散型制造业。由于 LeMES 系统是完全组件化、模块化的，所以可以灵活配置，在系统中输入相关的参数，通过不同模块的组合，就可以适用于不同的产品生产。

联想集团 IT 供应链制造信息系统产品高级总监

陈蔚

"我可以很骄傲地说

LeMES 系统是一款'杀手级'的制造管理软件

它可以全面地管理生产所涉及的各种资源

比如物料、工人、设备

确保所有这些生产资源得到合理的应用

联想集团在全球有 30 多家工厂

员工来自不同国家

产品销往 180 多个不同的国家和地区

几千种不同配置的产品形态

如果完全依靠人力

是不可能做到完美统筹协调的

可以说离开了这个系统

我们是没有办法正常运作的"

▲ 联想自研的 LeMES 制造执行系统 ▼

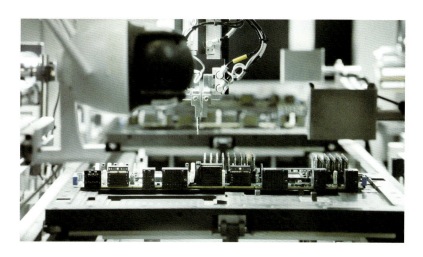

　　如果把工厂比作人的身体，LeMES 就相当于人的大脑。从联想集团的发展经验来看，一个企业如果能够把大数据、人工智能、云计算等新技术跟制造业结合在一起，就会逐渐内生出属于企业自己的数字化"大脑"。然而，并不是所有的企业都有精力、有能力完成数字化转型升级。

联想高级副总裁、集团首席信息官

胡贯中

"联想作为一个《财富》500 强的全球化企业

有很多宝贵的经验对其他公司也是很有价值的

如果正好可以匹配到客户的需求

那我们是可以从内生走到外化的

把这些经验和能力封装起来对外赋能"

▲ 联想惠阳工厂外景

　　基于自身对生产环节的理解，进而转化为一套数字管理能力，再用它对其他的生产企业进行赋能，联想称之为"内生外化"。联想惠阳工厂用LeMES系统帮助一家投影仪企业在 10 天内搭出了一条全新的生产线，就是联想"内生外化"的一个经典案例。

▲ 联想惠阳工厂投影仪生产线

一般企业搭建这样一条生产线的周期至少要两个月，包括硬件设施的搭建、产品的报价、软件系统的开发。联想惠阳工厂只用了 10 天，在行业里面也是绝无仅有的一个先例，业内称之为 "10 日奇迹"。

▲联想惠阳工厂员工▼

为了打造完整的新 IT 解决方案与服务，更好地为各行各业的客户数字化转型赋能从而创造更多的 "10 日奇迹"，联想集团在 2021 年的 TechWorld（联想创新科技大会）上推出了专门的品牌——"联想 TruScale 服务"。

"联想 TruScale 服务"的核心要义是 XaaS "一切皆服务"，它把传统的硬件、软件、服务分散采购的模式，设计、建设、运维分段实施的模式，整合成可以订阅的、一站全包的服务模式。这种将一体化的服务用订阅式的方式交付给客户，让他们既能获得全面、定制化的解决方案，又能拥抱灵活、动态的服务方式。

"联想 TruScale 服务"能够实现的核心要素，就是联想专业和强大的服务交付能力，而这个模式也让客户更加敢于进行新 IT 技术的应用和尝试，从而加速数字化、智能化转型的进程。

▲ 联想深圳工厂员工

除了在"外化"方面精益求精，联想也从未停止"内生"的脚步。联想正在深圳打造一座世界级的智能工厂，预计将于 2022 年正式投产，致力于使其成为一座数字化制造、符合工业 4.0 标准的灯塔工厂。

▲ 联想深圳工厂内景

　　这座超级工厂，既承载了联想制造人和 IT 人的巨大愿景和梦想，也是联想这些年数字化转型"内生"结晶的一次最佳实践。

　　作为算力的制造者，联想集团的"算力觉醒"比其他企业更具战略意义。它有算力并会用算力，还将自身数字化转型积累的经验和能力"内生外化"，以"一切皆服务"的方式输出给有需要的客户，从而带动千行百业实现数字化转型，推动中国从"世界工厂"到"世界发动机"的跃迁。

▼联想服务器

WIFI : futurscenter-vip
Password : futureson

胡贯中

"如果数据是第四次工业革命的燃油
那算力就是要把它转换成推动转型的引擎"

施展

"联想同时构成了制造业与数字产业两个领域当中的衔接性产业类似于这样的企业在未来的数字经济当中
会有一种特殊的桥梁性地位"

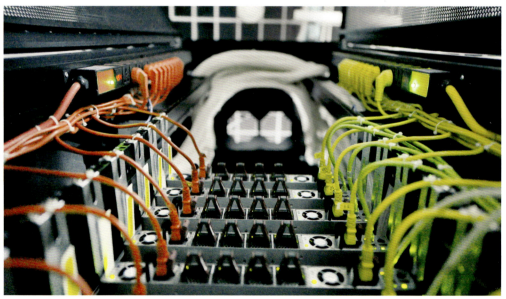

随着新一轮科技革命和产业变革兴起，以数据为核心生产要素、以数字技术为驱动力的新的生产方式蓬勃发展，人类社会正快速步入数字经济时代。

我国的"十四五"规划和2035年远景目标纲要，也设立专章部署"加快数字化发展 建设数字中国"，强调"打造数字经济新优势"。

在第二次工业革命和第三次工业革命时期，石油是至关重要的。在当下正在发生的第四次工业革命当中，数据有可能取代此前石油的地位。

数据的地位日渐上升，算力的重要性也就日益凸显。正如联想高级副总裁、集团首席信息官胡贯中所说，如果数据是第四次工业革命的燃油，那算力就是要把它转换成推动转型的引擎。

所以"算力觉醒"，既是数据重要性意识的觉醒，也是运用数字化的力量重塑行业、创新技术、激活中国数字经济的开始。

据《2020全球计算力指数评估报告》显示，算力与经济的增长紧密相关。计算力指数平均每提高1个百分点，数字经济和GDP将分别增长3.3‰和1.8‰。

在2021年的全国两会上，全国人大代表、联想集团董事长兼CEO杨元庆也在发言中表示，在数字经济时代，信息数据总量呈爆炸式增长，只有增强算力，才能将数据生产资料转化为数据价值。算力的提升将加速各行各业的智能化转型，筑起中国数字经济的新底座。

但同时杨元庆代表也指出，当前我国算力基础设施还存在布局不合理、发展不均衡、共享不充分、服务单一、能效不高等问题。制造业创新升级离不开算力，也需要更多算力投入来实现"中国制造"向"中国智造"的跃升。

以大唐先一、中国中化、京东集团、联想集团为代表的中国企业的"算力觉醒"，像一声春雷在中国土地上炸响，但也只是一个美好的开始，未来道阻且长。

好在我们已经明确了前进方向，方向对了，路就不怕远。道阻且长，行则将至，前方的路会有曲折，但也充满希望。

中国是全球最大制造业国家，但在高端产业核心技术领域，与国际先进水平仍有差距，从"世界工厂"向"世界发动机"的转变，一方面体现了工业体系从做大到做强的决心和信念，另一方面，也体现了从工业体系突破，向现代产业体系全面迈进的发展方向，包含农业、服务业、信息产业、文化知识业等。

在几家先行企业的带领和示范下，中国每一个产业都值得用数字化的技术和手段来重做一遍。更多企业和个人都需要这种数字化意识的觉醒，并深度参与到数字中国的建设中。"算力觉醒"的浪潮奔涌，中国正在也必将成为全球共同迈向数字文明新时代的"发动机"。

作为算力的制造者、数字化转型的赋能者，联想肩上的责任很重，但也很光荣。联想会继续践行"内生外化"，并以"一切皆服务"的方式帮助更多企业提升核心业务和创新能力，让更多中国企业完成产业升级，共同建设数字中国，打造数字经济新优势。

特别鸣谢

湖南大唐先一科技有限公司

中国化工信息中心有限公司

江西蓝星星火有机硅有限公司

蓝星智云（山东）智能科技有限公司

京东集团

联想集团惠阳工厂

联想集团深圳工厂